Analyse de l'œuvre

Par Natacha Cerf
et Apolline Boulanger

Fin de partie

de Samuel Beckett

lePetitLittéraire.fr

Rendez-vous sur lepetitlitteraire.fr et découvrez :

Plus de 1200 analyses
Claires et synthétiques
Téléchargeables en 30 secondes
À imprimer chez soi

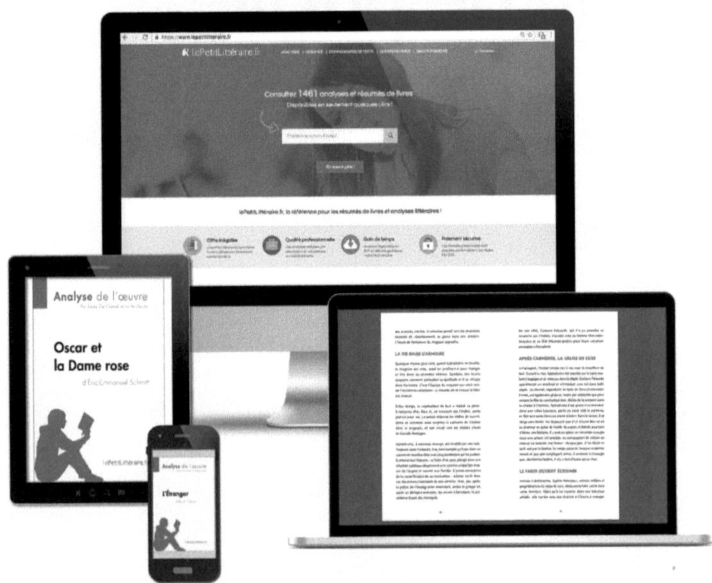

SAMUEL BECKETT

ROMANCIER, POÈTE ET DRAMATURGE IRLANDAIS

- **Né en 1906 à Dublin**
- **Décédé en 1989 à Paris**
- **Quelques-unes de ses œuvres :**
  - *Molloy* (1951), roman
  - *En attendant Godot* (1952), pièce de théâtre
  - *Oh les beaux jours* (1961), pièce de théâtre

Samuel Beckett est un écrivain irlandais né à Dublin. Lecteur d'anglais à l'École normale supérieure à Paris en 1928 et 1929, il s'installe ensuite dans la capitale française en 1938. En 1945, il commence à écrire des œuvres en français, comme son roman *Molloy* ou la pièce *En attendant Godot*.

Prix Nobel de littérature en 1969, Samuel Beckett est un écrivain majeur de ce que l'on a appelé le théâtre de l'absurde, peignant avec un humour très noir la déchéance et le désœuvrement de l'homme moderne. Il meurt en 1989.

FIN DE PARTIE

L'ABSURDITÉ DE LA VIE VOUÉE À LA MORT

- **Genre :** théâtre de l'absurde
- **Édition de référence :** *Fin de partie*, Paris, Éditions de Minuit, 1957, 128 p.
- **1ʳᵉ édition :** 1957
- **Thématiques :** corps, fin du monde, ennui, mort, haine, absurde, rapports humains

Écrite en français en 1957, *Fin de Partie* est la deuxième œuvre de Samuel Beckett à avoir été représentée. En un seul acte, elle narre l'histoire de quatre personnages physiquement amoindris, vivant dans une maison située dans un monde apocalyptique. Il ne s'y passe rien, et les protagonistes déclarent vouloir en finir. La pièce se veut la parodie des conventions théâtrales classiques.

Définir le genre de cette pièce n'est pas chose aisée : on la rattache au théâtre de l'absurde, genre initié notamment par Arthur Adamov (auteur dramatique français, 1908-1970), Eugène Ionesco (auteur dramatique français d'origine roumaine, 1909-1994) et Samuel Beckett, se situant entre le tragique et le comique. Toutefois, l'auteur conteste son appartenance au mouvement.

RÉSUMÉ

La didascalie initiale présente un espace scénique extrêmement dépouillé : « Une lumière triste, des murs gris. » La pièce ne comprend aucun meuble. Il n'y a que deux petites fenêtres aux rideaux fermés et une porte à proximité d'un tableau retourné. Une atmosphère apocalyptique envahit la scène dès la première réplique : « Fini, c'est fini, ça va finir, ça va peut-être finir. »

Il s'agit en réalité d'un refuge coupé du monde dans lequel sont isolés quatre personnages :

- Hamm, aveugle et paraplégique ;
- Clov, son serviteur malvoyant, marchant difficilement et ne parvenant plus à s'assoir ;
- Nell et Nagg, ses parents culs-de-jatte qui vivent dans des poubelles et qui forment un couple indissociable.

En raison de leurs handicaps, ils sont presque tous contraints de rester immobiles ou, du moins, de demeurer cloitrés dans le refuge. Clov est le seul à pouvoir encore se mouvoir, mais il ne prend jamais la décision de partir.

Ils se détestent tous :

- Hamm maudit ses parents ;
- son père le hait car il les maltraite ;
- Clov, qu'Hamm semble considérer comme son serviteur, peste contre lui, menace de partir, mais ne se décide jamais.

Ils parlent de tout et de rien, ou seulement de rien. À l'extérieur, c'est le néant. La fin du monde s'apparente à un désert :

> « CLOV. – Ce que tout est ? [...] Mortibus. (*Un temps.*) Alors ? Content ?
> HAMM. – Regarde la mer.
> CLOV. – C'est pareil.
> HAMM. – Regarde l'Océan !
> *Clov descend de l'escabeau, fait quelques pas vers la fenêtre à gauche, retourne prendre l'escabeau, l'installe sous la fenêtre à gauche, monte dessus, braque la lunette sur le dehors, regarde longuement. Il sursaute, baisse la lunette, l'examine, la braque de nouveau.*
> CLOV. – Jamais vu une chose comme ça !
> HAMM (*inquiet*). – Quoi ? Une voile ? Une nageoire ? Une fumée ?
> [...]
> CLOV. – Plus rien.
> [...]
> HAMM. – Et l'horizon ? Rien à l'horizon ?
> CLOV (*baissant la lunette, se tournant vers Hamm, exaspéré*). – : Mais que veux-tu qu'il y ait à l'horizon ? » (p. 44-45)

Les flots sont du plomb. Le soleil est néant. Il fait noir clair dans tout l'univers. Dans ces conditions, à quoi bon fuir ? Il ne reste qu'à s'ennuyer désespérément. Une lassitude absolue.

Clov effectue quelques déplacements en maugréant pour satisfaire les demandes de Hamm : il lui apporte son calmant ainsi que sa peluche, et lui explique ce qu'il y a dehors. Rien ne se passe.

> « HAMM. – Prépare-moi. (*Clov ne bouge pas.*) Va chercher le drap. (*Clov ne bouge pas.*) Clov.
> CLOV. – Oui.
> HAMM. – Je ne te donnerai plus rien à manger.
> CLOV. – Alors nous mourrons.
> HAMM. – Je te donnerai juste assez pour t'empêcher de mourir. Tu auras tout le temps faim.
> CLOV. – Alors nous ne mourrons pas. (*Un temps.*) Je vais chercher le drap. » (p. 17-18)

Chacun attend la fin de la partie qui semble interminable, avec l'impatience de ceux qui veulent mourir. À la fin de la pièce, Hamm et Clov se retrouvent seuls ; Nell est morte, Nagg pleure silencieusement dans sa poubelle, et la situation des deux personnages n'a pas changé. Clov ne parvient pas à quitter Hamm comme il l'annonce. Leur jeu semble être prêt à recommencer.

ÉTUDE DES PERSONNAGES

HAMM

Hamm est le personnage central de la pièce autour duquel tout s'organise. D'un âge avancé, le corps douloureux, le teint rouge, portant une calotte, des lunettes noires et un plaid sur les genoux, Hamm ne peut ni voir ni se lever de son fauteuil roulant – qu'il ne peut d'ailleurs pas déplacer seul.

Son nom peut être interprété de différentes façons :

- Hamm peut faire penser à un diminutif de Hamlet, personnage shakespearien (dramaturge anglais, 1564-1616), faisant de ce personnage un personnage tragique ;
- il peut renvoyer au terme anglais *hammer* qui signifie « marteler », « enfoncer à coups de marteau » ;
- il peut également faire référence au terme *ham*, venant également de l'anglais, et qui signifie « cabotin » (acteur qui attire plus l'attention sur lui qu'il ne joue son rôle), donnant cette fois un ton comique au personnage.

Cette dernière interprétation représente parfaitement le rôle de Hamm dans la pièce : assis et immobile dans son fauteuil, il siffle et donne des ordres à Clov qui lui obéit avec plus ou moins de bonne volonté.

Hamm possède les attributs d'un roi factice :

- Il siège dans un fauteuil, que l'on pourrait apparenter à un trône ;
- la gaffe qu'il manie occasionnellement, apportée par

Clov, pourrait par sa forme être apparenté à un sceptre ou à une épée ;
* il est coiffé d'une calotte, couvre-chef appartenant d'ordinaire à des personnes religieuses telles que des prêtres. Ici, elle pourrait renvoyer également à une couronne ;
* le plaid que Hamm porte sur les genoux pourrait être comparé au manteau de sacre que portaient les rois ;
* le chien en peluche estropié que Clov lui apporte peut être vu comme un animal de compagnie royal qui a pour but de le divertir.

Hamm fait donc penser à un roi fou qui a perdu toute raison et vraisemblance, ce qui peut également renvoyer au personnage d'une seconde pièce de Shakespeare : *Le Roi Lear*, altesse dont la folie causera la perte. Par ces attributs parodiant ceux de la royauté, Beckett donne un ton comique au personnage, ce qui vient contrebalancer ses origines tragiques.

Fils indigne de Nagg et Nell, il essaye de passer le temps avec les autres personnages, en attendant son calmant. C'est lui qui donne les ordres et qui détient le pouvoir. Le jeu entre les personnages débute réellement quand Hamm ôte le mouchoir qui se trouve sur son visage, et se termine quand il le replace.

CLOV

Clov, comme Hamm, a le teint très rouge. Il ne peut pas s'assoir. Il apparait comme le seul personnage globalement valide de la pièce, et s'apparente à un valet, condamné à rester debout et à servir Hamm, n'ayant nulle part où aller.

Le binôme qu'il forme avec ce dernier peut faire penser au couple constitué du maitre et de son valet dans le théâtre du xviiie siècle, notamment dans les comédies de Beaumarchais (écrivain français, 1732-1799), comme *Le Barbier de Séville* (1775), et de Marivaux (écrivain français, 1688-1763), avec par exemple *Le Jeu de l'amour et du hasard* (1730).

Son nom donne plusieurs indices sur son rôle et sa place dans la pièce :

- il pourrait venir de l'allemand *clov* qui signifie « clou ». Cela le place une fois de plus en position d'infériorité vis-à-vis de Hamm tout en rendant les deux personnages indissociables : il serait le clou que Hamm enfonce à coups de marteau ;
- si, comme les autres personnages, son nom est formé de quatre lettres, il ne se termine pas par un redoublement de consonnes : il n'est parent avec aucun des personnages.

Toutefois, il existe bien un lien entre Hamm et lui. Le lecteur et le spectateur ont tous les droits de se demander si le garçon recueilli qu'évoque Hamm lorsqu'il conte une histoire pour passer le temps – qu'il qualifie lui-même de roman – ne pourrait pas renvoyer à une adoption qu'il aurait faite par le passé : celle de Clov. Cela pourrait également expliquer pourquoi le seul personnage capable de se déplacer ne parvient pas à quitter Hamm à la fin de la pièce : c'est la dernière personne qu'il lui reste.

NAGG ET NELL

Nagg et Nell sont les parents de Hamm. Tout comme lui et

Clov, ils sont complémentaires et se ressemblent tant qu'ils en deviennent presque des sosies :

- ils ont des noms semblables par leur construction et une apparence similaire. Leur patronyme commence par un « N », ne possède qu'une seule voyelle, se termine par deux consonnes et est monosyllabique. Ils ont le même teint très blanc et portent pareillement un bonnet de nuit. Tous deux habitent dans des poubelles et en émergent de façon identique (le couvercle se soulève, puis leurs mains apparaissent sur les rebords) ;
- ils vivent la même déchéance. Ils souffrent de la même infirmité (culs-de-jatte à cause d'un accident de tandem), et ils commencent tous deux à perdre la vue et l'ouïe. De plus, ils ont froid et sont traités comme des ordures par leur fils ;
- leurs répliques sont symétriques :

> « NAGG. – Tu me vois ?
> NELL. – Mal. Et toi ?
> NAGG. – Quoi ?
> NELL. – Tu me vois ?
> NAGG. – Mal. » (p. 26-27)

Ils sont en quelque sorte le miroir l'un de l'autre. Ils sont sans individualité propre, se contentent de se refléter et sont comme presque morts.

Nagg et Nell sont, à l'inverse de Clov et Hamm dont le duo est régi par la haine et les rapports de force, un couple uni :

- l'amour qu'ils se portent l'un à l'autre n'a pas été détruit par leurs misères. Ils sont côte à côte, ensemble, poubelle contre poubelle, comme ils ont pu l'être avant l'accident. Nell appelle Nagg par un petit nom, « mon gros » (p. 27). Nagg conserve pour sa moitié les trois quarts du biscuit que lui a donné Clov (p. 30). Maintes fois, on peut lire les inquiétudes de Nagg pour sa femme, notamment quand il découvre qu'elle ne réagit plus à ses appels : il rentre dans sa poubelle pour ne plus jamais en sortir puisque son existence n'a désormais plus de sens ;

- contrairement à Hamm et Clov, ils ont un passé qu'ils peuvent se remémorer : l'Italie, leurs fiançailles, la promenade en barque sur le lac de Côme, etc. (p. 34) ;
- ils subissent la même humiliation. Ils sont maltraités par leur fils qui les violente et les maudit (p. 21)

Hamm n'éprouve aucun amour filial. L'humiliation endurée crée entre eux des liens de solidarité qui leur permettent de survivre.

Leur union se désagrège pourtant :

- le fait de loger dans des poubelles les empêche de s'embrasser et « la bagatelle » (p. 27) leur est évidemment impossible. Par conséquent, ils ne peuvent plus exprimer l'affection qu'ils éprouvent l'un pour l'autre, et leur complicité s'effrite : Nell ne rit plus à l'histoire de Nagg qui, lui, est scandalisé par le propos de Nell. Lorsque Hamm hurle sur eux, furieux de leurs bavardages trop bruyants, Nagg retrouve illico le fond de sa poubelle tandis que Nell reste immobile. Le dernier geste qu'ils accomplissent ensemble est en désaccord, comme une annonce de leur solitude prochaine ;

- leur unique perspective est la mort. Le temps qu'il leur reste à vivre ne peut en rien être identifié à un repos ou à un bon temps dont ils pourraient profiter. Il n'est synonyme que d'accumulation des déchéances. C'est un temps destructeur qui prolonge et accroit les souffrances ;
- le passé est leur seul refuge. Puisqu'ils n'ont plus aucune attente, ils ne peuvent plus que ressasser le temps où ils avaient leurs jambes. Le retour au passé est à double tranchant puisque, certes il souligne la complicité et l'ancienneté de leur union, mais il suggère que, depuis le lac de Côme, plus rien ne vaut la peine d'être évoqué, pas même la naissance de Hamm, ni sa croissance ni rien. Ils reconnaissent même avoir été de mauvais parents. Nell et Nagg forment un couple mort, paradoxalement uni, sans plus de projets ni d'émotions, qui se rappelle avoir jadis existé.

Les personnages sont tous liés et représentent trois stades vers la mort : il y a celui qui marche en vacillant (Clov), celui qui est estropié et peut quand même se déplacer avec de l'aide dans son fauteuil (Hamm), et ceux qui ne peuvent plus rien faire et dont le sort dépend des autres (Nagg et Nell) ; l'un des deux finit d'ailleurs par mourir.

CLÉS DE LECTURE

UNE PIÈCE TRÈS SOMBRE

Dégradation, décomposition et déchéance des corps

Beckett fait du corps un objet de répulsion en insistant sur les détails physiques ou physiologiques les plus désagréables. Les personnages n'inspirent que de la répugnance. Clov « pue [déjà] la mort » (p. 63), Hamm fait pipi par cathéter et baille souvent, tandis que Nagg veut qu'on lui gratte le bas du dos et ne se nourrit plus que de bouillie : « Ah il n'y a plus de vieux ! Bouffer, bouffer, ils ne pensent qu'à ça ! » (p. 21) « Bouffer » est un verbe familier qui déconsidère l'acte de manger, et donc le corps.

En plus d'être amoindris physiquement, ils possèdent un physique qui n'est pas à leur avantage : Clov, par exemple, a le teint très rouge. Les personnages de Beckett inspirent tous le rejet, ceux du passé, évoqués par Hamm et Clov, compris : le gueux qui, avec son enfant, veut être recueilli par Hamm est noir de crasse. Seule Pegg, ancienne voisine de Hamm, échappe à la laideur – mais elle appartient à la belle époque désormais révolue.

Aucun des personnages de la pièce n'a son intégrité physique, pas même le chien en peluche à qui il manque une patte. Nell et Nagg sont des culs-de-jatte qui vivent comme des animaux sur une litière au fond d'une poubelle. Le lecteur ou spectateur ressent un grand malaise à la répétition du mot « moignon » qui appelle l'image de l'amputation. Hamm est aveugle et paralysé, Clov est en passe de le devenir.

Jour après jour, le corps se détériore. Hamm est dépendant des calmants et des remontants. La « goutte d'eau » qu'il pense avoir dans la tête (p. 31) pourrait être un accident cardiovasculaire cérébral. Nagg perd sa dernière dent, son ouïe et sa vue baissent. La démarche de Clov est de plus en plus pénible et il ne peut pas s'assoir. Leur état de santé, non seulement ne peut s'améliorer, mais ne se stabilise pas non plus. Leur décrépitude se poursuit sans fin jusqu'à la mort qui se présente comme libératrice.

Exister, c'est mourir

La mort est omniprésente : « La fin est dans le commencement et cependant on continue. » (p. 89) Le processus de vieillissement est inéluctable et fait sombrer dans la dégénérescence : « Nous respirons, nous changeons ! Nous perdons nos cheveux, nos dents ! » (p. 23) ; « Puis un jour, ça finit, ça change, je ne comprends pas, ça meurt, ou c'est moi, je ne comprends pas, ça non plus. » (p. 106) Le pronom indéfini « ça » renvoie à une loi naturelle qui n'a ni nom ni visage et qui progresse sans l'accord de la volonté. Les lieux communs de la fuite du temps et du vieillissement, présents dans les arts depuis des siècles, sont revigorés par Beckett qui les associe à la naissance avec l'idée que naitre, c'est être voué à mourir. La mort n'apparait pas qu'au terme de l'existence, elle est présente dès le premier quart d'heure : « Qu'il vous adoucisse les cent-mille derniers quarts d'heure ? » (p. 109) Alors qu'on croit vivre, on meurt peu à peu, bout par bout.

La mort est donc le seul avenir possible et imaginable.

À l'extérieur, tout est pareil : il n'y a plus de mouette ni de nature ; c'est comme si toute forme de vie s'était éteinte. Il n'y a plus aucun espoir, pas même celui de voir pousser les graines plantées : « Si elles devaient germer elles auraient germé. Elles ne germeront jamais. » (p. 26)

Toutes les relations qu'ils ont entretenues (mère Pegg, le médecin, le fou) sont mortes. Nell meurt de manière soudaine ; Nagg se laisse gagner par son chagrin ; Clov et Hamm voient leur état se dégrader et parlent d'ailleurs sans cesse de la fin.

La haine de la vie

Ainsi, vivre est une malédiction et on ne peut que souhaiter la fin des temps. Clov et Hamm haïssent donc logiquement la paternité. Élever un enfant, c'est le punir, le condamner à la souffrance et à la mort. C'est sans doute pour cette raison que Hamm maltraite son père : « Salopard ! Pourquoi m'as-tu fait ? » (p. 67). Clov, de son côté, n'est en rien reconnaissant à Hamm de lui avoir servi de père adoptif en qualifiant cette fonction par l'emploi d'un pronom démonstratif, « cela », qui porte ici une valeur péjorative :

> « HAMM. – [...] C'est moi qui t'ai servi de père.
> CLOV. – Oui. (*Il le regarde fixement.*) C'est toi qui m'as servi de cela. » (p. 54)

Par extension, ils haïssent tout ce qui pourrait régénérer l'humanité. C'est pourquoi la puce, le rat et l'enfant doivent être éliminés. Ils regrettent d'avoir survécu à la catastrophe planétaire et attendent avec impatience l'apocalypse. La vie est une durée indéterminée de souffrances avec laquelle il faut finir : « Assez, il est temps que cela finisse, dans le refus aussi. » (p. 15)

On peut constater que la pièce ne montre pas la fin : à la tombée du rideau, Clov et Hamm sont toujours en vie.

L'INTERTEXTE RELIGIEUX

Cet univers en décomposition n'est pas sans rappeler la Genèse de la Bible, particulièrement l'épisode où Noé a pour mission de sauver chaque espèce vivante, s'enfermant avec elles et sa famille dans une arche capable de résister au déluge.

L'espace scénique pourrait être vu comme une représentation de l'arche de Noé : les personnages fonctionnent par couples, et l'on voit la mer à travers les fenêtres. Un renouveau pour l'humanité pourrait survenir mais ce n'est pas le cas :

- Nagg, la seule femme de la pièce, est trop âgée pour pouvoir concevoir et finit par mourir ;
- la vie ne prend pas. Les germes qu'a plantés Clov ne poussent pas ;
- le moindre être vivant est vu comme une menace : la puce est exterminée par Clov, le rat dans la cuisine est en passe de la devenir, le sort de l'enfant que Clov aperçoit à la fin de la pièce importe peu aux personnages et leur semble dangereux :

> « CLOV (*regardant*). – Je t'en foutrai des tomates ! Quelqu'un !

> C'est quelqu'un !
> HAMM. – Eh bien, va l'exterminer. (*Clov descend l'escabeau.*)
> Quelqu'un ! (*Vibrant.*) Fais ton devoir ! (*Clov se précipite vers
> la porte.*) Non pas la peine. (*Clov s'arrête.*) Quelle distance ?
> [...]
> CLOV. [...] – Je ne sais pas ce qu'il fait ! Ce que faisaient les
> mômes [...].
> HAMM. – La pierre levée. [...] Il regarde la maison sans doute,
> avec des yeux de Moïse mourant. » (p. 104)

Ce court extrait illustre l'angoisse et le rejet des personnages envers toute forme de vie. Plus qu'une négation du vivant, c'est aussi celle de croire en l'espoir que pourrait incarner Dieu qui chez Beckett n'existe plus : la guerre a détruit toutes ses croyances ; chaque référence à la religion et à l'histoire est rejetée.

Enfin, une autre référence à la Bible peut être relevée au début de la pièce : les personnages sont recouverts par des draps blancs, que Clov enlève pour que l'action puisse réellement commencer. On pourrait y voir une référence au linceul de Saint-Suaire qui enveloppa le Christ et qui conserva une trace de son visage. Cette marque pourrait être symbolisée par le mouchoir taché de sang qui recouvre le visage de Hamm au début et à la fin de la pièce.

Les références à Dieu, notamment à la religion chrétienne, sont très présentes dans la pièce, mais visent surtout à souligner son absence : il n'y a plus aucun espoir, et Hamm, apparenté à Jésus, à un prophète, est en réalité un imposteur qui reste enfermé dans une arche avec sa famille en attendant la fin du déluge, qui n'arrive pas.

UN LANGAGE DÉCONSTRUIT

Une communication mise en échec

Beckett rejette toute forme de réel, poussant l'abstraction jusque dans l'usage qu'il fait du langage. Les normes théâtrales sont déconstruites, le lieu de l'action est impossible à identifier clairement et est en décomposition, tout comme les personnages qui ont également perdu leur identité. Le langage, le seul moyen de créer une action, semble également artificiel et dénué de tout sens.

En effet, il est détaché du réel, devenant un jeu lui-même : le signifiant semble détaché du signifié, c'est-à-dire que les mots sont vides de leur sens et sont parfois utilisés davantage pour leur forme et leur son que pour leur signification. C'est ce qui se produit au début de la pièce, lorsque Hamm prend la parole : « Hamm – A – bâillements – à moi. (*Un temps.*) De jouer. »

Le son [a] renvoie précisément à quelque chose – le son [a] que l'on entend en prononçant « Hamm ». Il faut également relever le jeu opéré par Beckett entre le son que produit le nom du personnage Hamm, et le son que le spectateur entend [am] dans « à moi ». Cette tendance donne également lieu à plusieurs jeux de mots, notamment lors de l'extermination de la puce – ou morpion – que Clov trouve dans son pantalon ; c'est ici la forme des mots « coïte » et « coite » qui sont mêlées :

> « Clov. – La vache !
> Hamm. – Tu l'as eue ?

> CLOV. – On dirait. (*Il lâche le carton et arrange ses vêtements.*)
> À moins qu'elle ne se tienne coïte.
> HAMM. – Coïte ! Coite tu veux dire. À moins qu'elle ne se
> tienne coite.
> CLOV. – Ah ! On dit coite ? On ne dit pas coïte ?
> HAMM. – Mais voyons ! Si elle se tenait coïte nous serions
> baisés. » (p. 49)

LE SIGNIFIANT ET LE SIGNIFIÉ

Ces notions ont été développées par Saussure (linguiste suisse, 1857-1913) qui avance le fait que le signe – correspondant au mot utilisé – possède deux aspects :

- le signifiant. Il correspond à la structure du mot, au son que l'on entend en le prononçant ;
- le signifié. Il renvoie à la signification du mot, à une chose précise.

Par exemple, lorsque l'on entend « mouton », le signifiant renvoie au terme et au son que provoque l'énonciation du mot « mouton ». Le signifié lui, correspond à sa définition, à la chose qu'il désigne.

Le langage, s'il est le seul moyen de faire avancer la pièce, de passer le temps, repose sur un échange artificiel. Les personnages parlent pour ne rien dire, le but est de ne pas perdre le contact en usant notamment à profusion de deux fonctions du langage décrites par le linguiste Jakobson (1896-1982) :

- **la fonction phatique**. Son rôle est de stimuler l'interaction entre deux interlocuteurs sans pour autant communiquer un message. Par exemple, le terme « allo », utilisé lorsque l'on reçoit un appel téléphonique, permet d'engager un dialogue. Dans cette pièce, cette fonction est très souvent utilisée : les personnages se renvoient constamment la balle sans échanger de réelles informations, répétant sans cesse les mêmes interrogations (Hamm demande toujours si l'heure de son calmant est arrivée.
- **La fonction poétique**. Elle concerne la forme esthétique du message, la manière dont il est exprimé. C'est une réflexion opérée constamment par Hamm lors de ses tirades :

> « Allons, c'est l'heure, où en étais-je ? (*Un temps. Ton de narrateur.*) L'homme s'approcha lentement, en se traînant sur le ventre. D'une pâleur et d'une maigreur admirable il paraissait sur le point de – (*Un temps. Ton normal.*) Non, ça je l'ai fait. (*Un temps. Ton de narrateur.*) Un long silence se fit entendre. (*Ton normal.*) Joli ça. » (p. 68-69)

Le « Joli ça » est un commentaire sur les propos que Hamm vient de dire : la forme semble être ici plus importante que le sens.

LES FONCTIONS DU LANGAGE

Selon Jakobson, l'acte de communication – c'est-à-dire le langage – est composé de six éléments possédant chacun une fonction précise : le destinateur adresse un message renvoyant à un contexte, exprimé dans un code précis et qui doit attirer l'attention d'un destinataire, personne à qui le message est envoyé.

Chez Samuel Beckett, le message est coupé de son contexte. Il y a bien un destinateur et un destinataire (les personnages), un code utilisé (le français), mais il est maintenu de manière artificielle entre les personnages (fonction phatique) et ne renvoie réellement à rien, n'ayant d'intérêt que pour sa forme (fonction poétique).

Beckett joue donc avec la langue française, l'expérimente jusqu'à l'épuisement pour en faire quelque chose d'épuré et de minimaliste. Ce n'est pas un hasard s'il écrit la pièce en français : étant anglophone, c'est pour lui une langue étrangère sur laquelle il peut faire des expériences, n'ayant avec elle qu'un rapport artistique et non quotidien. Le langage, s'il a un émetteur et un récepteur, n'a donc pas de message chez Beckett : il est vide et n'existe que pour l'intérêt de sa forme.

Le silence

Le silence est ici omniprésent et devient un acte dramatique à part entière. Il est en outre porteur de sens.

Il est le plus souvent représenté dans les didascalies qui indiquent « un temps ». Les indications scéniques prennent d'ailleurs une part très importante dans *Fin de partie*, venant interrompre la communication, et peuvent être vues comme une forme de langage silencieux venant remplacer la parole des personnages. La pièce commence et s'achève d'ailleurs par ce silence.

L'auteur nous montre que les paroles ne sont pas plus porteuses de sens que les silences, qui peuvent être également interprétés comme la mort progressive des corps.

La répétition

Dans *Fin de partie*, tout semble abstrait, la vie devient totalement absurde et répétitive.

Alors que la pièce vient à peine de commencer, les premières paroles de Clov évoquent la fin. Celle-ci peut renvoyer à la mort des personnages qu'ils semblent attendre. Mais on peut également interpréter ces paroles comme annonciatrices d'une partie interminable, d'un jeu dont l'issue est incertaine, qui serait une métaphore de la vie.

Les personnages apparaissent comme des pions accomplissant leur rôle :

- dans la didascalie initiale, les gestes de Clov sont mécaniques et répétitifs ;

Le but de la pièce semble être de se terminer au plus vite, d'arriver à sa fin : que la partie qui se joue se termine, élément attendu et annoncé dans le titre « Fin de partie ». Ainsi, on pourrait voir en Hamm un roi et en Clov un pion qui tente de le mettre en échec :

- la place que prend Clov derrière Hamm provoque la

colère de ce dernier ;

- le déplacement saccadé des personnages sur scène fait penser à la manière dont sont déplacées les pièces d'un échiquier :

> « HAMM. – Je me sens un peu trop sur la gauche. (*Clov déplace insensiblement le fauteuil. Un temps.*) Maintenant je me sens un peu trop sur la droite. (*Même jeu.*) Je me sens un peu trop en avant. (*Même jeu.*) Maintenant je me sens un peu trop en arrière. (*Même jeu.*) Ne reste pas là (derrière le fauteuil) tu me fais peur.
> *Clov retourne à sa place à côté du fauteuil*
> CLOV. – Si je pouvais te tuer je mourrais content. » (p. 41)

Enfin, quand la partie arrive à son terme, pratiquement rien n'a changé. Elle est encadrée par le geste que fait Hamm avec son mouchoir : lorsque la pièce commence, il l'enlève ; lorsqu'elle se termine, il le replace. On pourrait voir dans *Fin de partie* un acte voué à se répéter jusqu'à l'épuisement, impression que renforce le fait que la pièce ne soit composée que d'un seul acte.

ENTRE ANTITHÉÂTRE ET THÉÂTRE TOTAL

Le rejet du théâtre classique : un antithéâtre ou théâtre de l'absurde

Au xxᵉ siècle, la Première Guerre mondiale (1914-1918) puis la Seconde Guerre mondiale (1939-1945) ont bouleversé les consciences, accentuant le rejet du réel déjà très présent au début des années vingt, notamment avec le surréalisme. Le théâtre de l'absurde nait de cet ébranlement et opère une rupture importante dans le genre, rejetant les conventions théâtrales classiques relatives à la tragédie et à la comédie. Cet abandon des normes est également soutenu par un refus du réel, afin de faire apparaitre l'absurdité de la condition humaine et de la fin tragique de l'homme qui n'a plus d'espoir auquel se raccrocher. Si les pièces de Samuel Beckett – particulièrement *Fin de partie* – répondent à la définition du théâtre de l'absurde, l'auteur ne se revendique pas comme un dramaturge appartenant à cette esthétique.

Par sa structure même, *Fin de partie* montre une volonté de rupture avec les normes théâtrales faisant autorité jusqu'alors. En effet, la pièce n'est composée que d'un seul acte, alors qu'une pièce est d'ordinaire construite en cinq temps. L'action n'est situable ni dans le temps ni dans l'espace, et ne comporte aucune intrigue – les personnages n'ont d'ailleurs pas d'identité (leurs noms ne donnent d'information que sur leurs liens de parenté et leur fonction dans la pièce) et sont presque tous immobiles et condamnés à rester sur scène, limitant leur champ d'action :

- Hamm ne peut pas se lever de son fauteuil et dépend totalement de Clov pour se déplacer sur scène ;
- Clov est le seul à pouvoir se déplacer, mais il ne parvient pas à quitter Hamm et le foyer qu'il lui offre ;
- Nagg et Nell sont culs-de-jatte, enfermés dans des poubelles, et ne peuvent donc pas se mouvoir.

Par ailleurs, le mélange constant du tragique et du comique – visible déjà dans la construction des personnages – ne permet pas d'attribuer un genre précis à la pièce et va contre l'unité de ton :

- la position dans laquelle se trouvent les personnages est tragique. Ils sont condamnés à rester enfermés, à perdre progressivement leurs facultés et ne peuvent qu'attendre la fin de leur existence ;
- pour autant, leur position et l'action ont une dimension comique mêlent jeux de mots, mauvaise compréhension entre les personnages, comique de répétition et comique de situation ou de contradiction, comme Clov qui dit sans cesse à Hamm « Je te quitte » et qui ne part pas.

Enfin, le langage et le dialogue entre les personnages sont bouleversés : il n'y a pas de véritables échanges, les paroles visent uniquement à maintenir un contact, et non à communiquer réellement.

Fin de partie se construit donc en dehors des conventions théâtrales établies, rejetant réel et vraisemblance, dépouillant la pièce d'intrigue, de personnages vraisemblables, allant jusqu'à donner une allure abstraite au matériel scénique.

Vers un théâtre total

Beckett va donc à l'encontre des normes qui étaient jusque-là celles du théâtre. Mais son intention semble vouloir dépasser le fait de rendre simplement compte de l'abstraction qu'est la vie en détachant l'action de toute vraisemblance. Ici, le théâtre est du théâtre. Le but est de donner une représentation dans la représentation, de rendre le spectacle total, tout en dévoilant les artifices du théâtre. Les personnages apparaissent comme de simples pions dont le rôle se limite à se renvoyer la balle, faire le spectacle :

> « CLOV – À quoi est-ce que je sers ?
> HAMM – À me donner la réplique. » (p. 77-78)

Le lecteur assiste presque à une parodie du théâtre :

- le début de la pièce peut être vu comme une singerie du traditionnel levé de rideaux lorsque Clov enlève les draps recouvrant les autres personnages ;
- les registres tragiques et comiques sont mélangés. La mort inévitable, le monde dévasté et l'absence de Dieu, éléments tragiques, sont tournés en ridicule, notamment lorsque les personnages constatent à propos du tout puissant : « Le salaud ! Il n'existe pas ! » (p. 76) ».

Le but de Beckett est, en plus de dépasser les normes prescrites, d'aller vers un théâtre total en y incluant d'autres formes de spectacle telles que :

- la danse. Les mouvements précis et répétitifs de Clov lorsqu'il regarde par la fenêtre peuvent s'y apparenter ;
- le chant. Clov chantonne ;
- la poésie. Hamm fait innocemment référence à des poètes comme Baudelaire (1821-1827) en faisant « un peu de poésie » (p. 108) ;
- le cirque. On pourrait clairement apparenter les personnages à des clowns faisant un numéro abstrait avec des objets détournés de leur usage commun, notamment en raison de leurs teints marqués : très rouges pour Hamm et Clov, très blancs pour Nagg et Nell.

Ainsi, Fin de partie s'inscrit bel et bien dans l'esthétique du théâtre de l'absurde malgré la réticence de l'auteur quant à cette dénomination. La pièce va en effet à l'encontre des conventions classiques, rejetant l'imitation du réel pour mieux peindre la déraison et la destinée tragique de la condition humaine. Rattachée à une communication censée faire passer le temps, celle-ci est mise en échec par un langage davantage tourné vers sa forme que vers son sens. Si la pièce donne à voir un portrait de la déchéance, de la déraison et de la destinée tragique de l'homme qui n'a plus ni espoir ni Dieu en qui croire, Beckett donne également une interprétation épurée du théâtre, où tout est représentation et artifice ; de la vraisemblance, il ne reste rien.

PISTES DE RÉFLEXION

QUELQUES QUESTIONS POUR APPROFONDIR SA RÉFLEXION…

- En quoi cette pièce remet-elle en cause les normes théâtrales classiques ?
- Quel rapport avec la vie et l'humanité entretiennent les personnages ? À votre avis, pourquoi ?
- Que pouvez-vous dire du comique de la pièce ?
- Relevez les références mythologiques et expliquez leur rôle.
- En quoi la pièce *Fin de partie* incarne-t-elle une crise du langage ?
- Étudiez l'importance considérable des objets dans la pièce.
- Analysez la subversion de l'espace relationnel dans *Fin de partie*.
- Peut-on parler d'échec de la communication dans cette œuvre ?
- Qu'est-ce qui distingue Beckett d'un auteur comme Adamov ?
- Depuis sa création, la pièce a connu de nombreuses mises en scène très diverses. Et vous, comment mettriez-vous en scène *Fin de partie* ?

Votre avis nous intéresse !
Laissez un commentaire sur le site de votre librairie en ligne
et partagez vos coups de cœur sur les réseaux sociaux !

POUR ALLER PLUS LOIN

ÉDITION DE RÉFÉRENCE

- Beckett S., *Fin de partie*, Paris, Éditions de Minuit, 2009.

ÉTUDES DE RÉFÉRENCE

- Angel-Perez E. et Poulain A., *Endgame ou le théâtre mis en pièces*, Paris, Presses universitaires de France, 2009.
- Casanova P., *Beckett l'abstracteur. Anatomie d'une révolution littéraire*, Paris, Seuil, coll « Fiction & Cie », 1997.
- Noudelmann F., *Beckett ou la scène du pire. Étude sur* En attendant Godot *et* Fin de partie, Paris, Champion, coll. « Unichamp », 1998.
- Vincelles R., *Fin de partie*, Paris, Hatier, coll. « Profil bac », 2009.

SUR LEPETITLITTÉRAIRE.FR

- Commentaire portant sur le début du premier acte de la pièce *En attendant Godot* de Samuel Beckett.
- Commentaire portant sur le comique dans *Fin de partie* de Samuel Beckett.
- Fiche de lecture sur *En attendant Godot* de Samuel Beckett.
- Questionnaire de lecture sur *En attendant Godot*.
- Questionnaire de lecture sur *Fin de partie*.

DUMAS
- Les Trois
  Mousquetaires

ÉNARD
- Parlez-leur
  de batailles,
  de rois et
  d'éléphants

FERRARI
- Le Sermon sur la
  chute de Rome

FLAUBERT
- Madame Bovary

FRANK
- Journal
  d'Anne Frank

FRED VARGAS
- Pars vite et
  reviens tard

GARY
- La Vie devant soi

GAUDÉ
- La Mort du
  roi Tsongor
- Le Soleil des
  Scorta

GAUTIER
- La Morte
  amoureuse
- Le Capitaine
  Fracasse

GAVALDA
- 35 kilos d'espoir

GIDE
- Les
  Faux-Monnayeurs

GIONO
- Le Grand
  Troupeau
- Le Hussard
  sur le toit

GIRAUDOUX
- La guerre de
  Troie
  n'aura pas lieu

GOLDING
- Sa Majesté des
  Mouches

GRIMBERT
- Un secret

HEMINGWAY
- Le Vieil Homme
  et la Mer

HESSEL
- Indignez-vous !

HOMÈRE
- L'Odyssée

HUGO
- Le Dernier Jour
  d'un condamné
- Les Misérables
- Notre-Dame
  de Paris

HUXLEY
- Le Meilleur
  des mondes

IONESCO
- Rhinocéros
- La Cantatrice
  chauve

JARY
- Ubu roi

JENNI
- L'Art français
  de la guerre

JOFFO
- Un sac de billes

KAFKA
- La Métamorphose

KEROUAC
- Sur la route

KESSEL
- Le Lion

LARSSON
- Millenium I. Les
  hommes qui
  n'aimaient pas
  les femmes

LE CLÉZIO
- Mondo

LEVI
- Si c'est un
  homme

LEVY
- Et si c'était vrai…

MAALOUF
- Léon l'Africain

MALRAUX
- La Condition humaine

MARIVAUX
- La Double Inconstance
- Le Jeu de l'amour et du hasard

MARTINEZ
- Du domaine des murmures

MAUPASSANT
- Boule de suif
- Le Horla
- Une vie

MAURIAC
- Le Nœud de vipères

MAURIAC
- Le Sagouin

MÉRIMÉE
- Tamango
- Colomba

MERLE
- La mort est mon métier

MOLIÈRE
- Le Misanthrope
- L'Avare
- Le Bourgeois gentilhomme

MONTAIGNE
- Essais

MORPURGO
- Le Roi Arthur

MUSSET
- Lorenzaccio

MUSSO
- Que serais-je sans toi ?

NOTHOMB
- Stupeur et Tremblements

ORWELL
- La Ferme des animaux
- 1984

PAGNOL
- La Gloire de mon père

PANCOL
- Les Yeux jaunes des crocodiles

PASCAL
- Pensées

PENNAC
- Au bonheur des ogres

POE
- La Chute de la maison Usher

PROUST
- Du côté de chez Swann

QUENEAU
- Zazie dans le métro

QUIGNARD
- Tous les matins du monde

RABELAIS
- Gargantua

RACINE
- Andromaque
- Britannicus
- Phèdre

ROUSSEAU
- Confessions

ROSTAND
- Cyrano de Bergerac

ROWLING
- Harry Potter à l'école des sorciers

SAINT-EXUPÉRY
- Le Petit Prince
- Vol de nuit

SARTRE
- Huis clos
- La Nausée
- Les Mouches

SCHLINK
- Le Liseur

SCHMITT
- La Part de l'autre
- Oscar et la Dame rose

SEPULVEDA
- Le Vieux qui lisait des romans d'amour

SHAKESPEARE
- Roméo et Juliette

SIMENON
- Le Chien jaune

STEEMAN
- L'Assassin habite au 21

STEINBECK
- Des souris et des hommes

STENDHAL
- Le Rouge et le Noir

STEVENSON
- L'Île au trésor

SÜSKIND
- Le Parfum

TOLSTOÏ
- Anna Karénine

TOURNIER
- Vendredi ou la Vie sauvage

TOUSSAINT
- Fuir

UHLMAN
- L'Ami retrouvé

VERNE
- Le Tour du monde en 80 jours
- Vingt mille lieues sous les mers
- Voyage au centre de la terre

VIAN
- L'Écume des jours

VOLTAIRE
- Candide

WELLS
- La Guerre des mondes

YOURCENAR
- Mémoires d'Hadrien

ZOLA
- Au bonheur des dames
- L'Assommoir
- Germinal

ZWEIG
- Le Joueur d'échecs

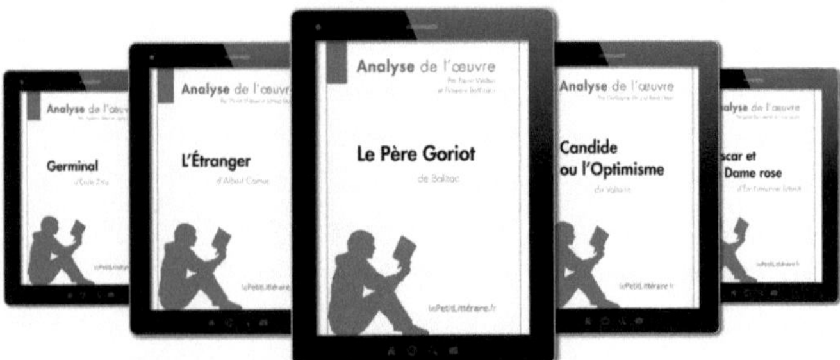

ISBN version numérique : 978-2-8062-9161-5
ISBN version papier : 978-2-8062-9162-2
Dépôt légal : D/2016/12603/894

Avec la collaboration d'Apolline Boulanger pour l'étude des personnages d'Hamm et de Clov ainsi que pour les chapitres « L'intertexte religieux », « Un langage déconstruit » et « Entre antithéâtre et théâtre total ».

Conception numérique : Primento,
le partenaire numérique des éditeurs.

Ce titre a été réalisé avec le soutien de la Fédération Wallonie-Bruxelles, Service général des Lettres et du Livre.